BANHOS E REZAS
Aprenda como Benzer

Copyright © 2023 Editora Rochaverá Ltda. para a presente edição.

Todos os direitos reservados para a editora Rochaverá Ltda. Nenhuma parte desta edição pode ser utilizada ou reproduzida por qualquer método ou processo sem a expressa autorização da editora.

Título
Banhos e Rezas - Aprenda como Benzer

Autores:
Claudia Souto / Paulo Augusto

Edição e Diagramação:
Fábio Galasso

Capa:
Fábio Galasso

Revisão:
Ileizi Jakobovski / Pamela Fernandes

Internacional Standard Book Number:
ISBN: 978-65-00-53069-8 / 64 páginas

Editora Rochaverá
Rua Manoel Dias do Campo, 224 – Vila Santa Maria
São Paulo – SP
CEP: 02564-010
Tel.: (11) 3426-5585
www.editorarochavera.com.br

INTRODUÇÃO

Apesar dos avanços da medicina, as práticas de benzeções não ficaram esquecidas no tempo e não foram totalmente substituídas pelos preceitos científicos e medicinais.

Mas o que significa benzer? Quem pode e como benzer?

Na cultura popular, o corpo e o espírito não se separam e também não se desligam do cosmos, que seria a religação através da religiosidade ou a crença em algo que esteja muito além das nossas capacidades de entendimento. E esse "religar", compreende-se a força e o poder de Deus, e como Deus está em tudo e principalmente na natureza onde ele se manifesta de maneira mais pura. Todos os males que atingem o corpo e a alma podem ser curados através das forças da natureza com auxílio das rezas e das plantas.

E apesar do avanço da medicina a tradição dos benzedores ainda é muito forte principalmente nas localidades geográficas mais afastadas ou periféricas onde a medicina não atua tão precisamente, e os povos recorrem aos poderes espirituais para a "salvação" da carne.

Dizem as tradições culturais que o ato de benzer ou de curar é a ritualização da fé, onde se mistura o sagrado e profano de maneira religiosa ou não.

O ato de benzer ou de curar através das ervas ou das plantas, é uma herança dos portugueses que chagaram ao Brasil e posteriormente sofreram grandes influências dos índios, depois dos africanos, e sobretudo das mulheres.

As plantas medicinais trazidas pelos povos portugueses, foi passada de geração em geração, dando início ao costume de curar doenças por meio dos próprios recursos naturais que era o que tinham.

Surgindo então, a procura pelas rezadeiras para fazerem chás, simpatias, rezas, benzeções, trazendo assim um alento para os que sofriam com diversas doenças e dores do corpo e da alma.

O Processo de Cura

A cura do corpo e da alma faz parte do processo de evolução espiritual de todo ser humano, e as plantas fazem parte deste processo de cura doando suas essências para o reestabelecimento energético, trazendo paz de espírito e tranquilidade para quem deseja tranquilidade, harmonia equilíbrio espiritual e paz.

As plantas e as ervas são um presente da mãe-natureza que estão nesse planeta igualmente a todos nós em processo de transformação, e são elas quem nos ajudam a reequilibrar e reenergizar as nossas fontes de energia espiritual junto ao campo astral.

O conhecimento dos poderes das plantas é antigo e ainda hoje é passado de geração em geração, não apenas através dos negros e escravos que os trouxeram, pois os índios brasileiros, benzedeiras, e antigos caboclos já utilizavam para suas receitas de curas e transformação energética.

Isso inclui os banhos que são uma das maneiras naturais de usar a energia das ervas e das plantas para promover uma troca energética entre você e a natureza, e esse conhecimento já era utilizado pelas antigas gerações.

Porém o conceito da natureza manifestada através dos Orixás é mais recente, e nos mostra que através da imigração dos escravos africanos pôde-se unir as duas culturas e formas de entendimento para agregar sabedoria sobre a Natureza que carrega a energia dos Orixás e manifesta a força da terra.

A troca de energia entre você e a natureza através da vibração das ervas e das plantas nos possibilita o alcance do equilíbrio mental e espiritual com as energias dos nossos próprios ancestrais. E além de promover o equilíbrio espiritual e a paz interior, nos direciona nos braços de nossos pais e mães espirituais.

Por isso, incluir banhos energéticos, uso de plantas medicinais e benzimentos, além de nos reequilibrar e nos deixar com mais ânimo e forças, nos coloca em contato direto com a energia daqueles que nos guiam, nos dando exatamente o tipo de energia que precisamos através da sintonia que nos faz animados em espírito.

CULTURAS ANTEPASSADAS E NATIVOS

A cultura indígena possui ainda hoje, um vasto conhecimento sobre os poderes medicinais das plantas e da natureza. Embora muito deste conhecimento tenha sido esquecido devido a modernidade, estes conhecimentos são utilizados até mesmo pela indústria farmacêutica para busca de remédios que possam aliviar e curar problemas diversos.

Antes da colonização do Brasil, os povos indígenas dependiam exclusivamente das plantas para fazerem seus remédios, com a chegada dos colonizadores e imigrantes houve uma miscigenação dos rituais, formas e práticas em relação aos ritos e formas de preparo de suas ervas e remédios.

O local que antes era exclusivo dos nativos também sofreu com a mistura de doenças trazidas pelos colonizadores e imigrantes como epidemias e infecções. Com a natureza rica em plantas, folhas e ervas medicinais surgiram novas formas de preparos e utilização destes recursos naturais para a busca da cura destas doenças e enfermidades que surgiam pouco a pouco.

Muitos dos elementos naturais que nossos Guias e Entidades utilizam para nos ajudar contra as doenças e dores do corpo e da alma, são trazidos da cultura indígena adquiridos com o vasto conhecimento ancestral que ainda hoje estão enraizados naqueles que vivem através do conhecimento da terra.

A cultura indígena possui um vasto conhecimento em relação as plantas, ervas e cura, onde cada tipo de planta, folha e ervas possuem um determinado poder de cura em determinada enfermidade.

A figura de pajé ou xamãs como exímios conhecedores das plantas e seus poderes de cura, são hoje alinhados com aqueles que nos guiam em busca de soluções naturais e espirituais para a nossas enfermidades. Não por acaso, essas figuras históricas e espirituais são líderes de seus povos, pois o conhecimento natural é o que garantia a sobrevivência das tribos.

São estes líderes espirituais que fazem a "ponte espiritual" entre o sagrado e os homens através da natureza espiritual que existe nas plantas e seu poder de magia.

A relação entre os curandeiros, benzedores e as parteiras são de conhecimento popular que atravessam anos levando remédios, cura e vida a muitos povos que não somente necessitam de auxilio como também creem na existência de um poder maior sobre o universo humano.

Por isso precisamos nos lembrar que banhos, rezas e cuidados espirituais são trocas de energias não somente de nossos ancestrais, mas de nosso Deus através da natureza divina em nosso favor. Pois a natureza sagrada que nos fornece as plantas, as folhas e as ervas, assim com as mãos que nos trazem cuidados são um presente da natureza-mãe que representa e manifesta o próprio sagrado.

Recomenda-se antes de iniciar o banho ou as rezas que uma oração ou pedido fiel ao sagrado universo, seja feito, pedindo muita energia em nossos caminhos e aos caminhos dos necessitados, uma vez que tudo depende da força do amor que emanamos e recebemos uns dos outros, assim como do universo.

COMO BENZER

Benzer é o ato de abençoar alguém ou alguma coisa, com o objetivo puro de afastar o mal de todas as suas origens. A palavra benzer vem de "tornar bento", isso quer dizer que o objetivo é abençoar quem faz e quem recebe o benzimento. Por isso, quanto mais benzemos, e rezamos por aqueles que precisam, mais e mais recebemos do universo, do campo astral, da natureza e de Deus.

O benzimento ou a benzeção é uma tradição compartilhada no mundo inteiro e não existe uma única forma ou uma regra para ser realizado; a crença e a fé naquilo que se busca, que é a cura, o elemento mais importante. Claro que o conhecimento sobre as plantas, rezas e orações são muito imprescindíveis para a realização do ato de benzer.

O benzimento não é um dom ao qual apenas algumas pessoas "escolhidas" podem exercer. O benzimento é livre a qualquer pessoa que queira aprender para fazer a "caridade".

Para o trabalho de benzimento não existe um local correto, um templo, uma igreja, um terreiro ou um espaço junto a natureza. O benzimeto se faz pela intercessão ao campo astral para busca de cura e bem estar dos necessitados. Por isso, não se faz necessário ser médium, possuir estudos ou cursos, também não se exige conhecimento religioso, apenas verdade e amor ao próximo.

Em geral os benzedeiros ou benzedeiras se utilizam de um local em suas próprias casas ou quintais, usa-se uma cadeira ou um sofá para acomodar o "doente". O necessitado aproxima-se e cumprimenta o benzedor, como sinal de respeito (senhor, senhora, dona).

Após cumprimentar respeitosamente o benzedor, ele é convidado a entrar na casa, isso ocorre porque o benzimento por ser um ato de amor e caridade, se faz necessário que o necessitado seja graciosamente convidado a entrar naquele ambiente de busca de cura, jamais poderia adentrar sem a permissão do dono da casa, pois estaria infringindo uma lei espiritual, que é o respeito a um ambiente "sagrado", nesse caso o ambiente que lhe traga alívio das dores.

Então, após entrar e sentar, demonstrando que ele é bem-vindo aquela "casa", a pessoa expõe suas queixas e dores.

Sim, a benzeção é vista como um dom divino, aqueles que conhecem os dons espirituais poderão benzer e curar pessoas, objetos e animais com a ajuda de plantas, ervas, água benzida, crucifixo, chave, colher ou demais item sacralizado para esta função.

O benzimento, os chás e os banhos são indicados para abrir caminhos, acalmar o espírito ou curar problemas estomacais, digestivos, circulares, vesiculares, dores pelo corpo, ansiedade e todo tipo de enfermidade, desde que a crença daquele que busca junto com o benzedor o mesmo objetivo espiritual.

Quem pode benzer?

Como fazer a benzeção ou benzimento

Benzimento é pedir em oração utilizando de elementos naturais ou simbólicos para um pedido de intercessão espiritual.

Qualquer pessoa poderia benzer ou rezar, mas é importante buscar a crença interior e a fé para que o ato tenha valia divina.

A cultura popular dos próprios benzedores, benzedeiras e rezadores, indicam fazer rezas ou fazer orações e conjuros de intercessão apenas nas seguintes circunstâncias: ter tomado banho de higiene, não ter praticado sexo, nem ingerido bebida alcóolica naquele dia, não estar menstruada e nem grávida ou amamentando, não ter se envolvido em brigas ou estado em cemitérios.

Recomenda-se que a mente daquele que irá benzer ou rezar esteja voltada para caridade e o coração esteja coberto de boas intenções para com aqueles que estejam lhes pedindo ajuda. O elemento de fé deve ser o primeiro instrumento espiritual a ser utilizado, e as palavras que saírem de sua boca devem ser as mais verdadeiras e puras possíveis. Assim, você estará realizando um benzimento.

A crença no que se está fazendo e pedindo nesse momento é fundamental, confiar nas providências divina, abrirá portas espirituais para o processo de cura. Então, após o benzimento não procure saber se de fato os necessitados foram abençoados e agraciados em suas necessidades, não se apegue a isso. Deus sabe quem deve receber ou não a cura, o trabalho do benzedor é interceder junto à Deus e ao campo sagrado, porém Deus é quem dará a cura ou não a cada filho seu. E sobre isso, ninguém poderá se envolver.

Assim como o rezador usa apenas um raminho em suas mãos, Deus usa o rezador para transmitir esperança, caridade, amor e fé.

O que usar para benzer?

Arruda, manjericão, guiné, alecrim, pinhão roxo, essas são algumas das ervas mais utilizadas para o benzimento, em geral 3 raminhos são o suficiente.

E muita crença!

O Ato de Benzer

O benzimento segue sim um ritual, eu não diria religioso, mas sim espiritual em seu modo de ser, pois se faz necessário crença e fé por parte de quem benze.

Para realizar o benzimento, serão necessários alguns instrumentos, e como estamos falando de um ato espiritual, inicia-se com o sinal da cruz ou colocando as mãos sobre a pessoa que será benzida, ou o animal, o veículo, a casa ou o objeto.

Se a pessoa ou o que será benzido não estiver presente, poderá ser representado por uma peça de roupa, foto ou objetivo pessoal.

Normalmente o benzimento começa sempre pelas costas que é o local de maior atração energética, depois pela frente e por último a cabeça. O benzedor utiliza sempre um raminho ou as próprias mãos para benzer fazendo sempre o sinal da cruz. O mesmo está sempre em oração, se conectando com as forças astrais e espirituais, pronunciando rezas e pedidos em nome daquele que pede ajuda.

A Reza

As Rezas, conjuros ou pedidos de intercessões, são sempre em favor do doente, cada reza é específica e em nome daquele que sofre. Existem várias rezas para vários tipos de doenças e pedidos, por isso, o benzedor é também um conhecedor das rezas e dos Santos que atuam em cada caso.

O Altar

O altar é sempre um lugar sagrado, ali é onde depositamos nossas crenças e pedidos, através das diversas representações divinas, os Santos Geralmente um benzedor é uma pessoa de crença e fé e por isso, possui seu altar ou seu lugar de conexão espiritual com o divino.

Nele deve ser montado a imagem dos Santo de devoção de quem irá benzer, pois é sobre ele que irão os utensílios necessários para o benzimento, assim como a água a ser purificada na fé dos Santos e posteriormente benzida e aspergida sobre os necessitados. A água benzida é como uma fonte de pureza onde se irradia energia santificada para o processo de cura.

Entre os utensílios sacralizados estão: vela, incenso, mirra, água, arruda, alecrim, terço.

Obs.: Em algumas casas de benzimento, a água que encontra-se no altar foi benzida anteriormente por um padre.

O benzimento não depende de uma base, ou seja, não se faz necessário um assentamento, pois não é vinculado com a abertura de um trabalho espiritual, onde se invoca espíritos. A reza é uma frequência livre, você pode benzer aonde estiver, vestido com estiver.

Ela é uma invocação de crença para aquele momento de busca de cura.

O benzedor produz aquela energia baseada na crença para haver uma alteração espiritual.

Proteção pessoal

Antes de iniciar os benzimentos, o benzedor deve fazer suas preces de proteção espiritual, e emanar sempre energias positivas. Quem irá benzer deve ter muita fé e cuidar para que não seja atingido pelas energias ou "demandas" que os necessitados carregam, por isso, se não tiver crença naquilo que está fazendo, pode facilmente ser atingido pelo problema que emana de quem ele irá benzer. Então, todo benzedor, carrega seu terço, e se protege com suas orações, banhos e utensílios sagrados.

A devoção é algo muitíssimo importante para um benzedor ou rezador, pois a fé é o primeiro escudo espiritual que ele irá carregar e ele depende totalmente de seus objetos de fé, incluindo suas rezas, para se manter bem espiritualmente.

Utensílios

Em geral, utiliza-se ervas de cura, (alecrim ou arruda) ou seja, elementos da natureza em que o homem não é capaz de produzir, um copo de água para alterar o sistema emocional/espiritual (pois a água é essência purificadora).

O BENZIMENTO

Como já vimos o benzimento não depende de nenhum tipo de formação ou escola, é uma tradição passada de família para família, geralmente os mais jovens aprendem com as avós ou mães que já praticam o dom de benzer. Não existe nenhuma escola que poderá ensinar alguém a ter um dom e praticar o que ele não possui, benzer é um ato de crença, fé, amor, caridade junto ao conhecimento sobre plantas, rezas e intuição espiritual de quem benze.

Lembrando que mesmo que não tenha sido aprendido por força do aprendizado familiar, o benzimento depende exclusivamente de uma mente espiritual, vontade de ajudar e crença bastante apurada sobre aquilo que se pretende fazer, que é ajudar o próximo com auxílio dos espíritos e das energias divinas e naturais encontradas nas plantas e nas rezas a serem suplicadas.

Benzimento não é uma tarefa tão fácil, uma vez que o benzedor fica totalmente a disposição daqueles que necessitam dele, então não tem dia, hora ou lugar; a demanda ocorre conforme a necessidade daqueles que o procuram em busca de alívio para suas dores.

Plantas Para Benzer

Alguns benzedores acreditam e utilizam algumas ervas e plantas medicinais para auxiliar durante a benzeção:

Arruda, Alecrim, Guiné, Mamona, são geralmente utilizados no ritual de cura.

A planta de nome arruda, é mais utilizada tanto em curas quanto enfermidades ou proteção de "mau olhado". Recomenda-se colocar um pequeno ramo atrás da orelha, pois seus galhos são usados para exorcizar energias negativas vindas de demanda para as pessoas que a utilizam ou mesmo para o ambiente

Arruda: nas benzeções o ramo de arruda é usado para aspergir água em quem está sendo benzido, purificando através do exorcismo do mau (dores de cabeça, cisco nos olhos, mau olhado).

Na tradição popular dos benzedores, as folhas do ramo de arruda quando exalam seu forte odor, principalmente quando são maceradas, afastam os maus espíritos e energias ruins. Quando murcham durante o benzimento é porque receberam o malefício que estava no doente.

Algumas Plantas Medicinais

Os exemplos mais comuns da medicina caseira para cura através das plantas são: Quebra-pedra, boldo, carqueja, hortelã. Quando alguém adoece é comum a utilização destas plantas.

Plantas medicinais/Chás: Algumas ervas e plantas medicinais são recomendadas em chás, garrafadas, xaropes, banhos, cheiros ou defumação.

Garrafadas: Geralmente as garrafadas são preparadas pelos raizeiros (um homem que cuida e vende as raízes medicinais), muitas destas plantas para as garrafadas são de conhecimento popular.

Males do fígado: Boldo e Carqueja servem para os males do fígado

Úlcera: Espinheira santa, o chá da espinheira santa neutraliza o ácido que causa as feridas e dores

Cobreiro: Sumo do tronco de banana de São Tomé,

Depurativo do sangue: Flor de assa-peixe

Olhos: Arruda é bastante utilizada para limpeza do globo ocular

Intestino: Macelinha pode ser utilizada para os males do intestino

Garganta: Romã é utilizada para inflamação de garganta

Digestão: Capim-santo, este chá é bastante utilizado pelos populares

Acalmar: Erva cidreira ou erva doce, seus chás servem para acalmar o espírito

Barriga: Folha de goiabeira, este chá é

indicado para dores de barriga, dores intestinais, cólicas, empachamento etc...

Algumas outras plantas como por exemplo ipê roxo, copaíba, sucupira, barbatimão, melão de São Caetano, algodão do campo, são remédios caseiros utilizados para diferentes males, porém, é preciso alguém com bastante conhecimento em plantas que curam como um curandeiro, um benzedor ou um raizeiro, pois o uso inadequado ou errado pode não ter o efeito desejado ou até mesmo levar a óbito.

BENZIMENTOS PARA O BEBÊS

Para tirar "Quebranto"

Quando fazer: Quando o bebê estiver com irritabilidade, sonolência anormal, chorando muito e se assustando com qualquer pessoa.

Como fazer: Com um raminho de arruda, faça o sinal da cruz na testa do bebê rezando um Pai nosso e pedindo as forças astrais que lhe tragam paz, harmonia espiritual e serenidade.

A arruda deve ser passada nas costas, no peito, na cabeça, nos braços e pernas, direcionando para fora ou para a porta de saída da casa.

Obs.: Enquanto passa o galho de arruda você deve se manter conectado com Deus, nosso Senhor Jesus Cristo, Maria ou o seu Santo de devoção e pedir o restabelecimento espiritual daquele pequeno ser.

Ao finalizar o benzimento faça a seguinte oração:

"Nosso Senhor Jesus Cristo", com seu bento filho nos braços, entrego-te este pequeno bento para que o liberte de todo o mal que assola o vosso espírito. Que como o corpo de Cristo imolado na cruz, caminhe sobre ti retirando-te todo mal olhado, quebranto, inveja, dor do corpo e do espírito. Que nossa Senhora, mãe de Jesus cubra as perninhas, os bracinhos, os olhinhos, o coraçãozinho e leve todo o mal para o meio do mar, assim como as águas que correm nos rios. Em nome de nosso Senhor e em nome de vossa mãe. Amém"

Em seguida jogue os raminhos em água corrente ou deixe em local onde exista terra.

Para tranquilizar o bebê

Quando fazer: Quando o bebê ou a criança estiver irritada, chorosa, com dificuldade para dormir, sem paciência ou com falta de concentração.

Como fazer: Com um raminho de arruda

ou alecrim, faça o sinal da cruz na testa do bebê ou da criança rezando um Pai nosso e pedindo as forças astrais que lhe trazem paz, harmonia espiritual e serenidade.

Após o banho de higiene da criança ou do bebê, prepare um chá de camomila morninho e deixe o bebê ou a criança na banheira imerso no chá de camomila (não precisa colocar açúcar, apenas água e camomila)

Enquanto estiver na banheira imerso no chá, pegue um raminho de arruda ou manjericão e vá passando com delicadeza nas costas, depois no peito, nos braços, pernas, cabeça, e rostinho, de maneira bem delicada direcionando para fora, ou seja, em direção a porta de saída ou janela se for o caso.

Obs.: Enquanto passa o galho de arruda ou alecrim no corpinho você deve fazer uma oração do Pai Nosso e Ave Maria, logo após as orações continue passando os galhos e pedindo o restabelecimento espiritual daquele pequeno ser.

Com muita fé você deve pedir, paz de espírito, tranquilidade e serenidade.

Em seguida, enxugue seu bebê ou criança, vista-o e o coloque para dormir, depois jogue a água e o raminho em água corrente ou em um lugar que tenha terra.

Tirar Quebranto de Criança

Quando fazer: Quando o bebê estiver com irritabilidade, sonolência anormal, chorando muito e se assustando com qualquer pessoa ou coisa.

Como fazer: Esta oração é muito poderosa e deve ser feita durante o dia, jamais no período da noite.

Quando a criança estiver dormindo, pegue um raminho de arruda ou alecrim e deixe um copo com água até a metade ao seu lado. Inicie fazendo o sinal da cruz em sua testa, depois pegue o raminho e molhe bem levemente na água e passe suavemente sobre o corpo da criança (cuidado para não acorda-lo).

Inicie sempre pela cabeça, depois o peito, os braços, as pernas, os pés e por último a nuca e as costas. Enquanto passa o raminho levemente molhado sobre o corpo da criança vá fazendo a seguinte oração:

"Pai Celestial, dono do mundo, da vida e de todos os seres. Vinde nos auxiliar, vós sois o meu refúgio e abrigo. Dai-nos oh Senhor a vossa benção, e visita a minha humilde casa e carrega tudo que possa estar nos ferindo, causando dor e desanimando. Daí a vossa graça e alegria em nome do vosso filho, o menino Jesus e em nome do Espírito Santo. Amém".

Em seguida, coloque para dormir, depois jogue a água e o raminho em água corrente ou em um lugar que tenha terra.

Oração Contra Inveja

Quando fazer: Quando a criança estiver triste sem razão, com irritabilidade, sonolência anormal, sem ânimo para brincar ou desanimada com a família

Como fazer: Esta oração é muito poderosa e deve ser feita durante o dia, jamais no período da noite.

Obs.: Esta oração é indicada para proteger a criança contra qualquer tipo de inveja e olho gordo, e pode ser feita sempre que necessário. Recomenda-se aplicar essa reza sempre que receber visitas de pessoas "carregadas" com alto nível de energia ruim

Sente a criança em uma cadeira ou sofá, e coloque seus bracinhos em cima das perninhas (não deixe pernas ou braços cruzados). Tenha em mãos um terço ou rosário. Segurando o terço ou rosário nas mãos, inicie fazendo o sinal da cruz na testa da criança, depois na nuca, nos braços e nas pernas.

Com as mãos na testa da criança, faça a seguinte oração: "Nosso Senhor Jesus Cristo, a quem recorro e peço auxílio, estejas conosco em todas as nossas necessidades que nos encontramos. Oh Senhor que reina sobre a terra e sobre seus filhos amados, impere sobre esta casa, seus moradores e suas crianças. Nos traga a paz, a luz e a serenidade, que todo quebranto, dor do corpo, medo, angústia, desespero e dores da alma possa ser levado embora pela fé que carregamos em ti. Confiante em vossa eterna bondade entrego em vossas mãos esse pequeno (falar o nome da criança), para a cura e paz eterna. Amém".

Em seguida, faça o sinal da cruz e peça a nosso Senhor Jesus Cristo que cuide e abençoe também aquele que benze.

Contra Olho-Gordo em Recém-Nascido

Quando fazer: É recomendado fazer esta oração sempre que receber visitas de pessoas que tenham olho gordo, inveja ou carregadas de energias ruins.

Como fazer: Esta oração é muito poderosa e deve ser feita durante o dia, jamais no período da noite. Coloque o bebê no colo de maneira confortável.

Pegue um pouco de água benzida por um padre ou sacerdote, e molhe seu dedo polegar nessa água. Em seguida faça o sinal da cruz na testa do bebê e recite a seguinte oração:

"Deus, oh senhor das causas maiores, Senhor das causas da alma, atendei ao me pedido, e vinde em meu socorro. Levai oh senhor, todas as mazelas, inveja e olho gordo para longe deste pequeno ser. Cubra este pequeno corpo com o vosso sagrado manto e escondei a vossa face daqueles que tem inveja e más intenções. Que os maldosos e impuros caminhem longe desta alma ou voltem para trás e sejam envergonhados os que desejam o mal. Oh pai regozijo-me diante de vós e peço-lhe apenas o bem, e que o bem caminhe na frente desta casa e seus habitantes, agora e para todo sempre. Amém".

Em seguida, faça o sinal da cruz e peça a nosso Senhor Jesus Cristo que cuide e abençoe também aquele que benze.

Banho Para Tirar Quebranto

Quando fazer: Quando a criança estiver irritada, chorosa, com dificuldade para dormir, sem paciência e com medo sem justificativa.

Como fazer: Antes de tudo coloque um rosário em cima do berço ou cama da criança, em seguida faça seu banho de higiene normalmente.

Após o banho de higiene, no fundo da banheira coloque três pedrinhas de sal grosso (três unidades ou grãozinhos de sal grosso) e uma folha de laranjeira e misture com a água, faça o banho sem sabonete ou shampoo, apenas com a água o com o sal grosso e a folha de laranjeira. Enquanto lava a criança (do pescoço para baixo) limpe seu corpinho rezando um pai nosso e uma ave maria.

Ao final, com um raminho de arruda ou alecrim, faça o sinal da cruz na testa do bebê ou da criança pedindo as forças astrais que lhe tragam paz, harmonia espiritual e serenidade.

Obs.: Esse banho deve ser feito em crianças maiores de 03 anos de idade.

Obs.: Caso a sua criança não se utiliza de banheira, coloque os grãos de sal grosso e a folha de laranjeira em um recipiente com água morna, e após o banho de higiene, jogue do pescoço para baixo repetindo os pedidos de orações e intercessões divina.

Como Benzer a si Mesmo

Benzimento Para Si Mesmo

Quando fazer: O auto benzimento é cada vez mais normal, pois além de ser um ato de conexão espiritual ele traz paz, tranquilidade e paz ao espírito. O auto benzimento é recomendado quando a pessoa se sente excessivamente cansada, desanimada, com preguiça para fazer as atividades diárias, com falta de sono, ansiedade, angustia e falta de concentração nas atividades cotidianas.

Como fazer: Realize o auto benzimento em um local tranquilo e longe do barulho do dia-a-dia, procure um local silencioso de preferência durante o dia. Sente de maneira confortável em uma cadeira ou banco

Ao sentar de frente para a porta de entrada seja do quarto ou da sala escolhida, concentre-se em uma luz azul como se fosse um farol em sua direção, isso irá lhe dar maior concentração e conexão espiritual.

Coloque em seu lado direito um copo com água e tenha em mãos um terço ou rosário e um galho de arruda. Segure o terço/rosário e o galho de arruda, inicie fazendo o sinal da cruz em sua testa e rezando Pai Nosso e uma Ave Maria.

Em seguida mentalize aquilo que deseja se libertar como inveja, olho gordo, mau olhado, cansaço excessivo e peça em nome de Maria mãe de Jesus que retire de seus caminhos tudo aquilo que possa vir te atrapalhar e incomodar seu espírito.

Passe o raminho de arruda em seus braços direcionando para baixo, como se estivesse limpando seu próprio corpo. Repita nas pernas e tronco.

Ao terminar, repita o sinal da cruz em sua testa e punhos e finalize oferecendo uma oração à Maria mãe de Jesus.

Obs.: Sempre inicie e finalize com uma prece de agradecimento da sua preferência, o importante de fazer essa conexão espiritual com o campo astral.

Obs.: Descarregue o galho de arruda em um local com terra, assim como a água.

Contra Olho Gordo

Quando fazer: Este auto benzimento é recomendado quando a pessoa se sente fraca espiritualmente, sem concentração, irritada, desanimada, sem perspectiva futura para sua vida. Seus negócios e relações não caminham, e as brigas são constantes.

Como fazer: Realize o auto benzimento em um local tranquilo e longe do barulho do dia-a-dia, procure um local silencioso de preferência durante o dia. Sente-se de maneira confortável em uma cadeira ou banco

Quando fazer: Este ritual de benzimento não tem dia ou local específico, porém o ideal é que seja feito durante o dia (enquanto há luz ou claridade natural), procure sempre um local tranquilo e tenha tomado seu banho de higiene antes. Ele pode ser repetido sempre que se sentir desanimado, com suas forças diminuída e energias minadas.

Coloque em seu lado direito um copo com água e tenha em mãos um galho de arruda ou guiné. Segure o galho escolhido, e inicie fazendo o sinal da cruz com o galho em sua testa e rezando Pai Nosso e um Salve Rainha.

Em seguida, passe o galho em seus braços, punhos, mãos, pernas, pés, nuca e tronco direcionando para baixo (como se estivesse limpando seu corpo), enquanto mentaliza uma luz azul celestial ou o oceano em sua frente.

Em seguida, repita essa oração em voz baixa:

"Ó Virgem santíssima, advogada dos pecadores e abandonados, peço a vossa digníssima presença entre nós; para que sejamos igualmente purificados nos danos que possa ter causado a inveja, o mau olhado, o orgulho e a arrogância vinda dos nossos inimigos.

Ó santíssima senhora, socorrei este aflito em seus caminhos, lhe dando luz, paz, amor e esperança, agora e na hora de vossa despedida. Rogai por mim ó Virgem, para que sejamos limpos e purificados em espírito, de forma que todas as maldições vindas dos nossos inimigos possam ser abatidas.

Que a paz que habita o vosso lar, possa igualmente adentrar a esta casa e se perpetuar sobre vossos habitantes. Cuidai Ó Senhora do meu corpo, da minha alma e da minha vida, agora e por todo sempre.

Para que nunca sejamos abandonados
Para que nunca sejamos desamparados
Para que nunca sejamos esquecidos.
Para todo sempre. Amém.

Obs.: Sempre inicie e finalize com uma prece de agradecimento da sua preferência, pois é muito importante de fazer essa conexão espiritual com o campo astral.

Obs.: Descarregue o galho de arruda ou guiné em um local com terra, assim como a água.

Limpeza Espiritual Para Seu Quarto

Quando fazer: Este ritual de limpeza é recomendado quando a pessoa se sente fraca espiritualmente, irritada, desanimada, angustiada, discute sem motivos e anda sem perspectiva futura para sua vida e mais ainda quando adentra ao seu recinto familiar para descansar.

Como fazer: Escolha um dia da semana, exceto domingo, de preferência durante o dia. Recomenda-se fazer este ritual de limpeza após o seu banho de higiene pessoal.

Dissolva em um balde com 2 litros de água
1) 1 colher de anil
2) 7 punhados de sal grosso
3) 10 ml de alfazema líquida
4) 1 pano limpo para limpeza

Misture bem todos os elementos no balde e passe um pano bem molhado por toda a área do quarto, principalmente nos cantos. Passe também nas portas e nas janelas, sempre direcionando para a porta de saída do ambiente, como se estivesse varrendo algo para fora.

Enquanto estiver fazendo a limpeza, mentalize tudo aquilo que deseja para a sua vida, e vá pedindo ao campo astral que lhe conceda somente o que lhe for de merecimento, e for bom para o seu caminho.

Após finalizar, deixe as janelas abertas por algumas horas para a energia circular livremente.

Após finalizar este ritual de limpeza, acenda uma vela para o seu anjo de guarda e peça luz, proteção, serenidade, discernimento e caminhos abertos.

Obs.: o pano você deve jogar no lixo. Repita este ritual sempre que se sentir sem energias e enfraquecido espiritualmente.

BANHOS E ERVAS

Os banhos são indicados para abrir os caminhos no trabalho, no amor, tranquilizar, acalmar, reequilibrar as energias e te conectar com seu Orixá quando estiver passando por momentos difíceis e relacionados também a grandes decisões.

Mas para isso é necessário seguir alguns passos muito importantes antes, para que o seu efeito seja potencializado e alcance seu objetivo espiritual junto ao mundo espiritual.

Antes de iniciar seu banho tenha em mente o seguinte:

- Tenha a intenção do banho definida em sua mente para não desperdiçar tempo e energia
- Faça uma consagração (através de

oração, por exemplo) para que possa abrir os canais espirituais entre você e seu Orixá

- Determine qual o melhor momento para fazer seu banho e não tenha nenhum outro compromisso ou o faça com pressa
- Alinhe sua intenção pessoal, ou o motivo de seu banho com a sua fé durante o preparo. Então durante a escolha das ervas e o preparo, mentalize tudo o que você deseja de forma que se abra um canal vibracional positivo entre você e o campo astral
- Quando iniciar seu banho, sinta cada folha e água caindo sobre seu corpo e mentalize seu Orixá próximo a você, essa busca espiritual irá promover uma troca energética entre você e ele através das propriedades do banho e reestabelecer assim o equilíbrio energético físico, mental, emocional e espiritual
- Após o banho, agradeça as forças astrais ao campo divino e siga confiante em seu poder de cura.

COMO PREPARAR BANHOS DE ERVAS

As ervas sagradas unem seus poderes vibracionais para transmutar a energia negativa, nos traz tranquilidade, paz e harmonia espiritual. Mas não basta sabermos que é preciso limpar as influências das energias negativas para viver fluindo energias boas e pensamentos bons, é preciso agir e nos utilizarmos das benevolências da natureza junto ao campo astral, que nos entregam todos os dias, os melhores elementos de purificação astral que são as ervas, as plantas e as flores.

O campo material está cheio de "vampiros" energéticos que nos sugam as energias diariamente, através do ódio, rancor, inveja, nos deixando desanimados, sem contar o estresse do dia-a-dia que também é outra fonte sugadora de nossas energias boas, nos fazendo vibrar e emanar energias carregadas de fluídos negativos.

Para isso existe a medicina natural que já era utilizada pelos antigos e ainda hoje é uma fonte de luz em nossos caminhos, para nos reequilibrar e nos trazer novamente a paz e a tranquilidade que a vida espiritual e material precisam.

Aqui temos alguns banhos de ervas que irão trazer mais equilíbrio nos momentos de desespero, fraqueza espiritual e física para que possamos seguir nossos caminhos em paz.

Arruda

Porque fazer: A arruda é uma das ervas mais poderosas para combater a inveja, o olho gordo e o mau-olhado. Essa erva sagrada tem o poder de limpar e purificar a aura alterando as energias e vibrações que estão sendo recebidas e emanadas pelo paciente. Sua ação está em formar uma camada de proteção espiritual para bloquear as energias e vibrações ruins nos trazendo paz e equilíbrio.

Essa erva também nos auxilia nas questões de nervosismo, irritabilidade, ansiedade e angústias, atuando como purificadora e consumidora de energias densas que nos desequilibram e desmotivam no dia-a-dia. Como é uma erva que destrói as larvas astrais e o acúmulo energético, reestabelece as energias e equilíbrio espiritual.

Ela reestabelece o equilíbrio e afasta o desânimo e aflições em geral, nos deixando mais preparados e motivados abrindo caminhos e oferecendo proteção energética.

Ingredientes
- 3 Ramos de arruda fresca
- 2 litros de água

Modo de preparo: Colocar 2 litros de água para ferver em uma panela, após a água ferver, desligue o fogo e adicione os 3 ramos de arruda fresca. Tampe e deixe em difusão por 10 minutos. Após esse período seu banho estará pronto e deve ser utilizado após o banho de higiene.

Obs.: Este banho deve ser jogado do pescoço para baixo, após seu banho de higiene. Após o banho não se enxugue com a toalha, deixe o banho sobre seu corpo formando um campo magnético de boas energias.

Guiné

Porque fazer: O banho de guiné, assim como a arruda tem o poder de transmutar as energias negativas em energias positivas. As duas plantas alcançam semelhantes objetivos, isso quer dizer que trazem benefícios para quem as utiliza. Porém, a guiné possui elemento mais concentrado para esse tipo de trabalho espiritual, atuando diretamente nas energias densas e purificando a essência do paciente.

Essa erva sagrada tem o poder de limpar e purificar as energias carregadas que nos deixam cansados, estressados, irritados, mal-humorados e sem energia para quase nada, e nos proteger espiritualmente.

Sobre a nossa aura, ele tem o poder de criar um "campo de força", de proteção, bloqueando as energias negativas e emitindo vibrações novas que alteram nosso astral e energia de vitalidade. Atrai boa sorte, bem estar, felicidade e energia.

Este banho que é chamado também de "banho de descarrego", é ideal para afastar inimigos, olho gordo, dores no corpo físico, desânimo e aflições.

Ingredientes
- 7 Folhas de guiné
- 2 litros de água

Modo de preparo: Colocar 2 litros de água para ferver em uma panela, após a água ferver, desligue o fogo e adicione 7 folhas de guiné. Tampe e deixe em difusão por 10 minutos.

Após esse período seu banho estará pronto e deve ser utilizado após o banho de higiene.

Obs.: Este banho deve ser jogado no corpo do pescoço para baixo, após seu banho de higiene. Após o banho não se enxugue com a toalha, deixe o banho sobre seu corpo formando um campo magnético de boas energias.

Alecrim

Porque fazer: O banho de alecrim é ideal para abrir os caminhos e afastar energias negativas. Essa erva sagrada tem o poder de limpar e purificar a aura alterando as energias e vibrações que estão sendo recebidas e emanadas pelo paciente de maneira negativa. Sua ação está em formar uma camada de proteção espiritual para bloquear as energias negativas, enquanto energiza o corpo e equilibra o espírito.

O alecrim é considerado uma erva que tonifica as pessoas e o ambiente, sem contar que é também um poderoso estimulante natural, favorecendo atividades mentais como estudo e trabalho, nos dando ânimo e vitalidade.

Ingredientes
- 1 Punhado de alecrim seco
- 2 litros de água

Modo de preparo: Colocar 2 litros de água para ferver em uma panela, após a água ferver, desligue o fogo e adicione 1 punhado de alecrim seco. Tampe e deixe em difusão por 10 minutos. Após esse período seu banho estará pronto e deve ser utilizado após o banho de higiene.

Obs.: Este banho deve ser jogado do pescoço para baixo, após seu banho de higiene. Após o banho não se enxugue com a toalha, deixe o banho sobre seu corpo formando um campo magnético de boas energias.

Manjericão

Porque fazer: o banho de manjericão é indicado para os dias em que as energias estão desequilibradas no trabalho ou nos relacionamentos em geral. O manjericão tem o poder de limpar as energias carregadas em seu corpo e ainda lhe dará uma sensação de paz de tranquilidade repondo as energias boas. E como é um banho para relaxar, recomenda-se ser feito a noite

O manjericão é uma erva poderosíssima para revitalização, tanto que na Umbanda ela é utilizada para vitalizar as guias dos médiuns.

Ingredientes
- 1 Ramo de manjericão
- 2 litros de água

Modo de preparo: Colocar 2 litros de água para ferver em uma panela, após a água ferver, desligue o fogo e adicione 1 ramo de manjerição. Tampe tudo e deixe esfriar por 20 minutos. Após esse período seu banho estará pronto e deve ser utilizado para repor suas energias.

Obs.: Este banho deve ser jogado do pescoço para baixo, após seu banho de higiene. Após o banho não se enxugue com a toalha, deixe o banho sobre seu corpo formando um campo magnético de boas energias.

Boldo

Porque fazer: O boldo possui inúmeros benefícios para o corpo, em geral ele é recomendado para problemas gastrointestinais, pois ele promove uma limpeza e purificação profunda no organismo trazendo sensação de alívio e bem estar. Mas não apenas isso, os benefícios terapêuticos e espirituais também são muitos, o banho de boldo traz alívio e sensação de limpeza interior em momentos de estresse, cansaço, e tensão causados pelo dia-a-dia. E também é um banho para relaxar da tensão, por isso é recomendado fazer durante a noite, antes de ir dormir.

Ingredientes
- 3 Punhados de folhas de boldo
- 2 litros de água

Modo de preparo: Colocar 1 litro de água para ferver em uma panela, após a água ferver, desligue o fogo e adicione os 3 punhados de folhas de boldo cortados grosseiramente com as mãos. Tampe tudo e deixe esfriar por 20 minutos. Durante seu banho. Após esse período seu banho estará pronto e deve ser utilizado para repor suas energias.

Obs.: Este banho deve ser jogado do pescoço para baixo, após seu banho de higiene. Após o banho não se enxugue com a toalha, deixe o banho sobre seu corpo formando um campo magnético de boas energias.

Comigo ninguém pode

Porque fazer: O banho de comigo ninguém pode ser considerado um banho de proteção e defesa espiritual e deve ser feito sempre que se sentir desequilibrado, desaminado e sem energias e vigor para nada. Essa erva sagrada tem o poder de quebrar demandas, ajustar desequilíbrios e desajustes espirituais purificando a aura e o ambiente e alterando as energias e vibrações.

Comigo ninguém pode é umas das armas mais poderosas contra o olho gordo e a inveja, contribuindo ainda no auxílio para maior atração de boas energias. Ele possibilita a limpeza e o fortalecimento energético, tanto de pessoa, quanto do ambiente em que está plantada.

Em seu modo de atuação, ela absorve as energias negativas de pessoas mal-intencionadas, evitando brigas, desequilíbrios, desavenças e outros malefícios que possam chegar a residência onde está inserida.

Seu banho suga as energias negativas de "vampiros energéticos" e limpa a aura e a vibração espiritual do paciente lhe dando mais vitalidade, equilíbrio e sensação de harmonia e paz, abrindo os caminhos e trazendo energia.

Ingredientes
- 3 Pedaços de folhas de comigo-ninguém-pode
- 2 litros de água

Modo de preparo: Colocar 2 litros de água para ferver em uma panela, após a água ferver, desligue o fogo e adicione 3 pedaços de folhas de comigo-ninguém-pode. Tampe e deixe em difusão por 10 minutos. Após esse período seu banho estará pronto e deve ser utilizado após o banho de higiene.

Obs.: Este banho deve ser jogado do pescoço para baixo, após seu banho de higiene. Após o banho não se enxugue com a toalha, deixe que o banho sobre seu corpo formando um campo magnético de boas energias.

ATENÇÃO: Arruda, comigo-ninguém-pode, espada-de-são-jorge e guiné são plantas que não podem ser ingeridas, pois são tóxicas. Por isso, tome bastante cuidado ao fazer seu banho para não ingerir o liquido por acidente. E depois de manuseá-las, lave bem as mãos.

BANHOS COM ROSAS BRANCAS

O banho de rosas brancas é indicado para abertura de caminhos, purificação espiritual, proteção e reposição de energias purificadas. A rosa é uma flor sagrada em várias culturas, pois acredita-se que sua essência transmita a essência divina que é capaz de acalmar, elevar o espírito e nos transportar para patamares espirituais mais elevados, por isso nos traz paz.

O banho com rosas brancas serve como elemento espiritual para proteção, atração ou como repelente natural de energias negativas. Mas é importante saber unir alguns elementos para potencializar e alcançar a força necessária sobre aquilo que se espera.

Então o banho com rosas não tem a finalidade de causar apenas sensação de tranquilidade, ele nos traz paz, acalma e nos deixa a sensação de pureza como faz uma limpeza espiritual, deixando a aura mais leve e a sensação de limpeza espiritual mesmo. Isso porque ele promove mudança em nossos corpos espirituais e trazem uma poderosa energia, capaz de se alinhar com nosso corpo astral agindo como um escudo contra as vibrações negativas e nos dando paz de espírito, renovando as energias.

Rosa Branca - Para Alterar Energias

Ingredientes
- 1 Rosa branca
- 2 litros de água

Este banho é indicado para alterar as energias carregadas por energias mais puras e sutis, trazendo alívio para o espírito e tranquilidade para quem necessita de mais equilíbrio e paz.

Modo de preparo: Colocar 2 litros de água para ferver em uma panela, após a água ferver, desligue o fogo e adicione as pétalas da rosa branca. Tampe tudo e deixe esfriar por 20 minutos. Após esse período seu banho estará pronto e deve ser utilizado para repor suas energias.

Obs.: Este banho deve ser jogado da cabeça para baixo, após seu banho de higiene. Após o banho não se enxugue com a toalha, deixe o banho sobre seu corpo formando um campo magnético de boas energias.

Jogue os resíduos em um local limpo ou jardim.

Que a energia e força dos Orixás estejam presentes em seus caminhos, trazendo paz, harmonia e boa sorte!

A BÍBLIA REAL ESPÍRITA

CONHEÇA A BÍBLIA REAL, A PRIMEIRA BÍBLIA ESPÍRITA DO MUNDO

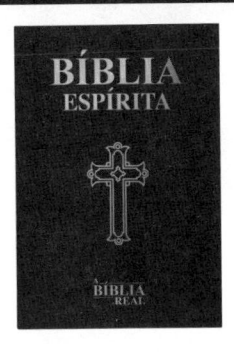

Comunidade Espírita de Umbanda Coboclo Ubirajara

Rua Doutor Almeida Nobre, 96
Vila Celeste - São Paulo - SP
CEP: 02543-150

Banhos e Rezas Aprenda como Benzer   6 3

- **WWW** www.abibliaespirita.com.br
- **Instagram** @abiblia.espirita
- **YouTube** A Bíblia Espírita
- **Facebook** A Bíblia Real / Bíblia Espírita
- **Facebook** faceboook.com/cabocloubirajaraoficial/
- **Facebook** faceboook.com/exuecaminho
- **Facebook** faceboook.com/babalaopaipaulo
- **Facebook** faceboook.com/claudiasoutoescritora
- **@** contato@editorarochavera.com.br

Editora Rochaverá

Rua Manoel Dias do Campo, 224 – Vila Santa Maria – São Paulo – SP - CEP: 02564-010
Tel.: (11) 3951-0458
WhatsApp: (11) 98065-2263

EDITORA ROCHAVERÁ